# DIÁLOGOS COM OS ADOLESCENTES SOBRE USO, ABUSO E DEPENDÊNCIA DE DROGAS

COLEÇÃO **DIÁLOGOS SOBRE DROGAS**

# DIÁLOGOS COM OS ADOLESCENTES SOBRE USO, ABUSO E DEPENDÊNCIA DE DROGAS

*Denise De Micheli*
*Eroy Aparecida da Silva*
*Ana Regina Noto*
*Beatriz Marra Vaz de Camargo*
*Cristiana Ornellas Renner*

Casa do Psicólogo®
uma empresa PEARSON

1ª Reimpressão: 2015

Gerente Editorial: Fabio Melo
Coordenadora Editorial: Marcela Roncalli
Assistente Editorial: Cíntia de Paula
Produção Editorial e Capa: Casa de Ideias

Dados Internacionais de Catalogação na Publicação (CIP)
Angélica Ilacqua CRB-8/7057

---

Diálogos com os adolescentes sobre uso, abuso e dependência de drogas / Denise De Micheli...[et al.]. - São Paulo : Casa do Psicólogo, 2015.
(Coleção Diálogos sobre drogas)

1ª reimpressão da 1ª edição de 2013
ISBN 978-85-8040-277-3

1. Drogas – abuso e prevenção 2. Juventude 3. Família - diálogo 4. Psicologia I. De Micheli, Denise II. Silva, Eroy Aparecida da III. Noto, Ana Regina IV. Camargo, Beatriz Marra Vaz de V. Renner, Cristiana Ornellas VI. Série

13-0007 CDD 616.89156

---

Índices para catálogo sistemático:
1. Drogas – abuso e prevenção

Impresso no Brasil
Printed in Brazil



**Casapsi Livraria e Editora Ltda.**
Avenida Francisco Matarazzo, 1500 - Conjunto 51
Edifício New York - Centro Empresarial Água Branca
Barra Funda - São Paulo/SP - CEP 05001-100
Tel. Fax: (11) 3672-1240
www.casadopsicologo.com.br

# Sumário

# Palavras iniciais

Neste livreto você encontrará informações fornecidas por quem se preocupa com a sua saúde física e mental, com o seu bem-estar e com a sua inserção na sociedade. Encontrará informações sobre essa fase em que você se encontra, cheia de mudanças e decisões a serem tomadas. Encontrará também informações importantes sobre o que são drogas, como elas podem alterar o funcionamento do seu corpo, do seu raciocínio e das suas emoções. E ainda conhecerá técnicas que poderão ajudá-lo a resolver seus problemas e a enfrentar situações sem que precise usar drogas.

Boa leitura!

As autoras.

# Juventude, uso e abuso de drogas

Este livreto é um convite para você, que está no fim da adolescência ou é um jovem adulto, pensar e fazer suas escolhas sobre se deve ou não usar drogas. A escolha é SUA. Mas, como toda escolha tem consequências, é importante que você tenha informações verdadeiras para poder fazer suas escolhas. A experiência de outras pessoas pode ajudar a tomar a melhor decisão. É claro que nem sempre o que é adequado para uma pessoa se aplica a todas, pois cada uma é diferente da outra e você é uma pessoa única. Se um amigo diz a você que um filme é muito bom, provavelmente você vai procurar vê-lo, o que não garante que também vá gostar, mas a chance, sem dúvida, é maior de isso acontecer do que se vários amigos que viram o filme disserem que ele é péssimo.

Talvez, o mais importante na idade adulta seja: aprender a fazer escolhas, e para isso é muito importante aprender quais são as informações confiáveis. Você já deve ter vivido situações em que recebeu uma informação e depois percebeu que era mentira. Isso acontece porque quem divulga a informação pode ter um interesse por trás dessa divulgação. Alguém que esteja interessado na mesma pessoa que você gosta poderia dizer que ela está interessada nele (ou nela) para que você se afaste, mesmo que não seja verdade. A propaganda utiliza essa técnica. As informações que recebemos pela mídia (rádio, televisão, revistas, jornais) podem ser divulgadas para satisfazer o interesse de quem quer vender um produto, dizendo que ele é ótimo, mesmo que não seja. Mas como saber se a informação é verdadeira? A resposta não é fácil, mas, sem dúvida, conhecer o interesse de quem deu a informação ajuda muito. É importante ter confiança nas fontes e analisar o que elas ganham divulgando tal informação.

*Vamos lá?*

## A juventude...

De acordo com a Organização Mundial de Saúde (OMS) e a Organização das Nações Unidas (ONU), a juventude compreende a faixa etária entre 15 e 24 anos de idade. No Brasil, o Ministério da Saúde considera a juventude entre 10 e 24 anos de idade.

A juventude é a fase em que começamos a tomar decisões e fazer escolhas. Até então, sua família fazia muitas escolhas por você. Era ela quem decidia o que você ia comer, em que escola estudaria, quando poderia brincar, com quem poderia sair etc. Nessa época de mudanças, você passa a viver mais tempo fora do que dentro do ambiente familiar. Por um lado, isso é ótimo, você se sente livre, "dono do seu nariz", mas também pode causar ansiedade, expectativa, medo e excitação diante das novas experiências, diante do desconhecido. Agora, as escolhas são SUAS e você muitas vezes fica em dúvida. Por exemplo: qual o momento certo para o início da atividade sexual? Que profissão devo escolher? São escolhas difíceis, não é?

É justamente nessa fase da vida que, em geral, as drogas aparecem. O uso, o abuso e a dependência de drogas começam cada vez mais cedo. Alguns jovens que experimentam drogas conseguem parar o consumo quando percebem que as consequências não compensam alguns momentos de prazer, ou quando adquirem novos papéis e responsabilidades que "não combinam mais" com o uso de drogas. Mas, infelizmente, vários não conseguem interromper o uso, mesmo querendo.

É importante lembrar que, sob o efeito das drogas, várias consequências envolvendo riscos podem ocorrer. Basta lembrar dos acidentes de trânsito causados pelo uso de álcool ou outras drogas constantemente noticiados pela mídia. Outro perigo a que você se expõe com o uso de drogas é: atividade sexual sem uso de preservativo, com risco de contrair doenças sexualmente transmissíveis. Você (se mulher) pode também ficar grávida sem ter planejado. Além disso, o uso de drogas facilita comportamentos violentos, atividade criminal e pode causar dificuldades na escola e no trabalho. Saiba que essas consequências podem ocorrer com qualquer pessoa que faça uso de qualquer quantidade de álcool ou outras drogas. Além disso, há ainda jovens que progredirão do consumo ocasional para formas graves de abuso e dependência, o que na adolescência e juventude geralmente envolve o uso de múltiplas drogas.

*Um alerta importante:* O Estatuto da Criança e do Adolescente - ECA - proíbe vender ou mesmo dar gratuitamente qualquer tipo de substância psicoativa, seja ela álcool, seja tabaco ou outras drogas, a menores de 18 anos. Portanto, fique esperto! Se alguém lhe oferecer qualquer dessas substâncias, essa pessoa estará cometendo um crime!

# Você sabe o que são drogas e como elas funcionam?

Droga é qualquer substância que provoca mudanças no funcionamento do nosso corpo. Não é somente a maconha ou a cocaína, mas qualquer substância que cause mudanças no nosso corpo. Isso inclui os medicamentos comprados em farmácias, algumas plantas utilizadas para fazer chás ou fumar e as bebidas alcoólicas.

É importante que você saiba que o uso de drogas não é nada novo. Antigamente as drogas eram usadas principalmente como medicamentos, ou em cerimônias coletivas, rituais religiosos ou festas, junto com outras pessoas. Usadas daquele modo, em determinado lugar, com determinadas regras, seu uso não representava muito perigo. Mas as coisas mudaram...

O problema atual é justamente o uso indiscriminado, ou seja, a qualquer hora e em qualquer lugar. As pessoas hoje em dia não usam as drogas em determinados rituais, cerimônias ou como medicamentos. O problema é que elas procuram nas drogas uma "solução mágica" para seus problemas. Se estiverem preocupadas ou nervosas, querem uma droga para relaxar. Se estiverem tristes, querem uma droga para ficar alegres. Parece que as pessoas têm preguiça de tentar resolver seus problemas; elas querem "comprar" uma solução pronta – no caso, as drogas. Seja qual for a razão, é importante saber que as drogas nunca ajudarão a *resolver* seus problemas. No máximo, elas podem causar um alívio por um curto período. E é aí que os problemas podem aparecer. Fica cada vez mais difícil pensar em uma solução para problemas, porque é muito mais fácil "esquecê-los sob o efeito das drogas".

É mais ou menos como quando você está aprendendo matemática. Se você não fizer os exercícios nas aulas e em casa, vai ser muito mais difícil resolvê-los em uma prova. Isso acontece porque é preciso treino para tudo na vida – até para resolver problemas do dia a dia. Se a pessoa desiste de enfrentar e tentar resolver um problema, ela não terá a oportunidade de aprender a solucioná-lo E você sabe... quanto mais velho ficamos, mais os problemas se complicam!

Um dos motivos mais comuns para um jovem começar a usar drogas é a curiosidade. Muitas pessoas experimentam drogas para descobrir que tipo de sensações elas causam, sem saberem ao certo o que pode acontecer. Antes de tomar qualquer decisão na vida é importante avaliar o que podemos ganhar e o que podemos perder com a nossa escolha. Por isso é muito importante que as pessoas tenham informações corretas sobre as drogas: que efeitos elas causam e como elas podem modificar o funcionamento do seu corpo – principalmente do seu cérebro.

*Vamos falar um pouco sobre isso?*

# Quais os diferentes tipos de drogas?

Você deve saber que existem muitos tipos de drogas – algumas são proibidas por lei (as drogas ilícitas ou ilegais, como a maconha e a cocaína) e outras são permitidas para maiores de idade (as drogas lícitas, ou legalizadas, como é o caso do cigarro [tabaco] e das bebidas alcoólicas). Algumas drogas deixam a pessoa mais estimulada, outras dão sono, outras podem fazer com que "vejamos coisas que não existem". Os cientistas procuraram agrupar e classificar as drogas em três grupos, dependendo dos seus efeitos:

1) *Drogas depressoras:* são aquelas que diminuem a atividade do cérebro, provocando a sensação de relaxamento, calma, sonolência e diminuição da ansiedade. As pessoas que as utilizam se sentem mais relaxadas e desinibidas. Dentre as drogas depressoras, encontram-se: as bebidas alcoólicas, os medicamentos para dormir (hipnóticos e sedativos), os ansiolíticos (ou tranquilizantes) e os inalantes e solventes (tíner, cola de sapateiro, lança-perfume/cheirinho da loló etc.).
2) *Drogas estimulantes:* são aquelas que aumentam a atividade do cérebro, provocando a sensação de agitação, força, coragem e excitação. As pessoas que as utilizam se sentem mais agitadas e eufóricas. Dentre as drogas estimulantes, encontram-se: a cafeína, a nicotina, a cocaína/*crack* e as anfetaminas (medicamentos para emagrecer).
3) *Drogas perturbadoras:* são aquelas que provocam mudanças no funcionamento cerebral, ou seja, provocam distorções na maneira como percebemos o que está ao nosso redor. Essas mudanças podem ser na visão (formas e cores), na audição e no tato. As pessoas que

utilizam esse tipo de droga podem apresentar confusão mental, alucinações (visões de coisas que não existem) e delírios (ideias falsas, como a de que estão sendo perseguidas por outra pessoa). Dentre as drogas perturbadoras, encontram-se: a maconha, o LSD (ácido lisérgico), tipos específicos de cogumelos e algumas plantas tóxicas.

Algumas drogas podem ter um efeito misto, dependendo da dose. Por exemplo, as bebidas alcoólicas em baixas doses podem ser estimulantes e em altas doses, depressoras. O *ecstasy* pode ser estimulante e em altas doses causar perturbação dos sentidos e alucinações.

## Vamos matar a curiosidade e aprender um pouco sobre as principais drogas usadas no Brasil?

### Álcool

Embora o álcool seja uma droga *ilegal* para menores de 18 anos, muitos jovens experimentam e fazem uso dessa substância. O consumo pode levar a uma série de problemas de saúde e aumentar os comportamentos de risco, como práticas sexuais sem proteção, envolvimento em acidentes, homicídios, suicídios e comportamentos violentos diversos.

**Vamos aos fatos...**

*Como o álcool afeta seu cérebro:* em um primeiro momento (em doses baixas ou logo que se começa a beber), o álcool tem um efeito estimulante, ou seja, a pessoa se sente mais eufórica, descontraída e desinibida. Porém, com o aumento das doses ou depois de algum tempo que se começou a beber, o álcool produz um efeito de relaxamento, deprimindo o funcionamento do cérebro. Em outras palavras, o indivíduo fica mais mole, sonolento, sua voz fica "pastosa", sua coordenação motora e concentração diminuem, sua visão pode ficar distorcida ou "dupla". Além disso, sua "autocrítica" diminui bastante, tornando-o aquele "bêbado chato". É importante lembrar que com o uso de álcool os reflexos são prejudicados e a pessoa pode facilmente se envolver em acidentes.

*Como o álcool afeta seu corpo:* o álcool é absorvido no estômago e no intestino e entra na corrente sanguínea, podendo prejudicar todos os seus órgãos. Ele pode causar gastrite e aumentar o risco de muitas doenças graves, como as hepatites e o câncer.

*Como o álcool afeta seu autocontrole:* o álcool prejudica muito seu julgamento das coisas. Pode levá-lo a ter comportamentos arriscados sem considerar o perigo dessas atitudes, por exemplo, fazer sexo sem o uso de preservativos ("camisinha"). Com isso, a pessoa pode pegar muitas doenças sexualmente transmissíveis, como aids, sífilis, HPV, entre outras, além de engravidar indesejadamente.

*Mortes relacionadas ao uso de álcool:* uma em cada três pessoas que estão internadas em hospitais psiquiátricos tem problemas de dependência de alguma droga. Para a maioria (91%) das pessoas internadas por dependência, a droga que causou a internação foi o álcool. O Instituto Médico Legal (IML) possui dados que mostram que em sete de cada dez casos de morte violenta havia a presença de álcool nos cadáveres. Estudos sobre beber e dirigir mostram que 27% das vítimas de acidentes de trânsito tinham bebido acima do limite permitido pela lei e 37% haviam bebido alguma dose de álcool antes de dirigir.

*Como o álcool ameaça você, mesmo sem você beber:* se você está sempre junto de pessoas que bebem, também corre o risco de se envolver em acidentes ou comportamentos violentos (por exemplo: brigas).

## Antes de você se arriscar...

*Conheça a lei:* lembre-se de que o álcool é proibido para menores de 18 anos.

*Conheça os riscos:* misturar álcool com medicamentos ou outras drogas é extremamente perigoso e pode levar à morte. Alguns estudos mostram que cerca de 25% dos atendimentos de emergência por intoxicação são devidos à mistura de álcool com alguns remédios.

*Mantenha uma boa aparência:* o álcool faz com que a pessoa fique com aparência "inchada", além de provocar mau hálito e ressecar a pele.

*Conheça as estatísticas:* embora muitos jovens já tenham experimentado bebidas alcoólicas, a maioria (88%), com idade entre 12 e 18 anos, não faz uso com frequência.

## Conheça alguns sinais de uso abusivo de álcool...

Quando as pessoas começam a beber sempre, muitos problemas podem aparecer. Se você bebe com frequência ou conhece alguém que beba, veja os sinais a seguir e pense se algum deles acontece com você ou com essa pessoa. Em caso afirmativo, você ou seu conhecido pode estar tendo problemas com o uso do álcool:

- ficar embriagado (bêbado) com frequência (por exemplo: todo fim de semana);
- mentir ou esconder quanto está bebendo;
- achar que sem o álcool não existe diversão;
- ter "ressacas" frequentes (no dia seguinte após ter bebido, sentir dores de cabeça, enjoo, mal-estar);
- não se lembrar do que faz quando bebe (por exemplo: não lembrar se "ficou" (ou com quem) em uma "balada" nem como foi embora para casa);
- beber a ponto de "apagar" (dorme ou desmaia);
- apresentar problemas na escola e/ou em casa, com seus familiares e/ou no trabalho.

Se você acha que algumas das situações citadas acontecem com você, procure ajuda de um profissional de saúde. Se não for o seu caso, mas você conhece alguém que está nessas condições, ajude-o. Seja um amigo de verdade, converse com ele e o incentive a diminuir ou parar de beber. Se você não conseguir ajudá-lo, encoraje-o a procurar a ajuda de um profissional de saúde.

## Tabaco (nicotina)

A forma mais comum de consumo de nicotina é fumando cigarros de tabaco (os cigarros comuns). O tabaco é uma planta cujo nome científico é *Nicotiana tabacum*, da qual é extraída a nicotina. Durante muito tempo, o uso de tabaco foi considerado um hábito como qualquer outro, que podia ser interrompido sem nenhum problema. Mas, nos últimos vinte anos, vários estudos mostraram os efeitos prejudiciais do tabaco e seu poder de provocar dependência.

O consumo de tabaco é responsável por uma enorme quantidade de danos à saúde. A nicotina presente no cigarro de tabaco, assim como outros estimulantes do sistema nervoso central, causa leve sensação de bem-estar e euforia, mas pode provocar dependência.

## Vamos aos fatos...

*Como o tabaco prejudica sua saúde:* fumar é a causa mais comum de câncer de pulmão, além de ser responsável também por outros tipos de câncer, como de boca, pâncreas, esôfago e garganta.

*Como o tabaco afeta o desenvolvimento do seu corpo:* fumar é particularmente prejudicial para adolescentes devido ao fato de seu corpo ainda estar em desenvolvimento e crescimento. As mais de 4 mil (isso mesmo, 4 mil!!!) substâncias tóxicas contidas no cigarro de tabaco afetam o desenvolvimento normal do seu corpo, provocando uma série de doenças que podem ameaçar sua vida. O coração e os vasos sanguíneos são fortemente prejudicados pelo tabaco, provocando infartos e outros problemas cardíacos.

*Tabaco causa dependência?* Sim, o tabaco causa dependência. Você sabia que cerca de 75% dos jovens que usam tabaco diariamente apresentam grande dificuldade em parar o uso?

*Mortes relacionadas ao uso de tabaco*: o uso de tabaco está relacionado a 30% dos casos de câncer, em geral, e 90% dos casos de câncer de pulmão.

## Antes de você se arriscar...

*Conheça a lei:* talvez você não saiba, mas o cigarro de tabaco é proibido para menores de 18 anos.

*Fique informado:* a dependência de tabaco é difícil de controlar. Mais de 90% dos jovens que usam tabaco diariamente apresentam pelo menos um sintoma de abstinência[1] quando tentam parar o consumo.

*Mantenha uma boa aparência:* ao ingerir as substâncias tóxicas contidas no cigarro de tabaco, sua aparência pode ser afetada. Sua pele fica mais ressecada, podem surgir rugas e seus dentes ficam amarelos. Alguns estudos mostram que o tabaco pode provocar queda de cabelos e branqueá-los precocemente.

*Fique atento:* fumar dificulta a prática de esportes, porque prejudica sua respiração (seu fôlego).

---

1 Síndrome de abstinência: sintomas desagradáveis que surgem quando o indivíduo interrompe o uso da substância, como dor de cabeça, dificuldade de concentração etc.

*Respeite as pessoas ao seu redor:* ao fumar, você coloca em risco a saúde das pessoas que estão ao seu redor. Cerca de 3 mil pessoas não fumantes morrem de câncer de pulmão por ano ao inalar passivamente a fumaça de cigarro de um fumante.

*Conheça as estatísticas:* a maior parte dos jovens não fuma. De acordo com o V Levantamento Nacional sobre Consumo de Drogas Psicotrópicas entre Estudantes do Ensino Fundamental e Médio da Rede Pública de Ensino nas 27 Capitais Brasileiras (Galduróz, Noto, Fonseca & Carlini, 2005), realizado pelo Centro Brasileiro de Informações sobre Drogas (CEBRID), 75% dos jovens nunca experimentaram tabaco e apenas 3,8% fumam tabaco com frequência.

## Conheça alguns sinais de uso abusivo de tabaco...

Se você usa tabaco ou conhece alguém que usa, veja os sinais a seguir e pense se algum deles acontece com você ou com essa pessoa. Em caso afirmativo, você ou seu conhecido pode estar tendo problemas com o uso do tabaco:

- apresenta tosse ou pigarro;
- tem, com frequência, problemas respiratórios (por exemplo: falta de ar);
- não consegue correr ou fazer esportes por não ter fôlego;
- tentou parar ou diminuir o uso de cigarro e não conseguiu;
- gasta muito dinheiro comprando cigarros;
- entra em pânico quando acaba seu maço de cigarros (por exemplo: fuma bitucas);
- está sempre com um cigarro na mão;
- evita ir a lugares onde sabe ser proibido fumar.

Muitos fumantes justificam seu uso de tabaco afirmando que se sentem mais relaxados ao fumar. Se você acredita nessa ideia ou tem amigos que pensam assim, saiba que o cigarro pode deixá-lo ainda mais estressado e nervoso (porque é uma droga estimulante), além de provocar dependência. Lembre-se de que para "acalmar os nervos" nada melhor do que fazer algum exercício ao ar livre, respirar fundo ou bater um bom papo com os amigos (sem cigarros, é claro!).

## Inalantes e solventes

Solventes são substâncias capazes de dissolver algumas substâncias. Inalantes são substâncias que podem ser inaladas, ou seja, introduzidas no organismo através da aspiração pelo nariz ou boca.

Normalmente, essas substâncias são fluidos claros, *spray* de pintura, gasolina, querosene, lança-perfume, esmalte, cola de sapateiro, entre outras. Após a inalação da substância, os efeitos aparecem em poucos segundos e, em 15 a 30 minutos, já desaparecem. Os efeitos iniciais são euforia e descontração. Porém, logo após, prevalece o efeito depressor, deixando o indivíduo mole, com o andar cambaleante, a fala "pastosa" e o raciocínio e a coordenação motora comprometidos.

### Vamos aos fatos...

*Como os inalantes/solventes afetam seu cérebro:* essas substâncias dificultam ou até mesmo impedem a comunicação entre as células do seu cérebro (os neurônios), podendo também destruir alguns deles, o que prejudica seu raciocínio, sua memória e sua capacidade de aprender.

*Como os inalantes/solventes afetam seu coração:* os inalantes/solventes diminuem a oxigenação do corpo e forçam o coração a bater de modo irregular e mais rápido, trazendo perigo ao corpo.

*Como os inalantes/solventes prejudicam outras partes de seu corpo:* pessoas que usam essas substâncias podem ter o olfato afetado. Além disso, algumas dessas substâncias não deixam o sangue transportar oxigênio para os órgãos, acarretando, com isso, diversos males no fígado, rins e pulmões.

*Mortes relacionadas ao uso de inalantes/solventes:* essas substâncias podem provocar morte instantânea. Usuários de inalantes/solventes podem morrer por sufocação, ataque cardíaco e depressão acentuada do sistema nervoso central (por exemplo, desmaiar em cima da substância e continuar aspirando-a).

## Antes de você se arriscar...

*Fique informado:* inalantes/solventes fazem parte de um grande grupo de substâncias químicas, entre elas: *sprays* aerossóis (de pintura, de cabelo), cola de sapateiro, tíner, gasolina, removedores, anestésicos (clorofórmio, éter).

*Fique atento:* alguns inalantes/solventes podem causar um dano permanente em seu cérebro.

*Conheça os riscos:* o uso frequente de inalantes/solventes pode prejudicar permanentemente seu modo de caminhar, seu modo de conversar/falar e seu pensamento. Além disso, essas substâncias podem levar à morte, mesmo ao usar/experimentar pela primeira vez.

*Conheça as estatísticas:* saiba que 1,5% dos jovens faz uso frequente dessas substâncias, mas a maioria (84,5%) nunca sequer usou ou experimentou.

## Conheça alguns sinais de uso abusivo de inalantes...

Se você usa inalantes/solventes ou conhece alguém que usa, veja os sinais a seguir e pense se algum deles acontece com você ou com essa pessoa. Em caso afirmativo, você ou seu conhecido pode estar tendo problemas com o uso de inalantes/solventes:

- fala "pastosa";
- aparência "desleixada" ou descuidada;
- apresenta, com frequência, hálito com o cheiro característico dessas substâncias;
- olhos vermelhos;
- coriza;
- usa essas substâncias para se divertir e também em outras ocasiões.

Se você se identificou com alguns dos itens acima, procure ajuda de um especialista. Se não for o seu caso, mas você conhece alguém que está nessas condições, encoraje-o a procurar a ajuda de um profissional de saúde.

## Cocaína

A cocaína é retirada das folhas de uma planta (*Erythroxylum coca*) que só existe na América do Sul. No início do século XX, a cocaína era livremente comercializada como um remédio comum, mas logo surgiram as primeiras mortes por causa do uso abusivo da droga. Por isso a cocaína foi proibida em todo o mundo. A cocaína pode ser encontrada em pó e na forma de pedra (*crack*). As formas de uso mais comuns são: por aspiração (pó), fumando (pedras de *crack*) ou injetando (pó diluído na água).

## Vamos aos fatos...

*Como a cocaína afeta seu cérebro:* a cocaína estimula o cérebro, deixando as pessoas inicialmente eufóricas, agitadas, confiantes, mas ao passar o efeito a pessoa pode ficar deprimida. Com o decorrer do uso, a pessoa vai precisando aumentar a quantidade da substância para ter o mesmo efeito.

*Como a cocaína afeta o seu corpo:* o uso de cocaína pode causar danos no organismo não só no momento do uso, mas também depois dele. Com o uso de cocaína, as artérias do coração se contraem diminuindo a passagem do sangue e reduzindo a quantidade de oxigênio transportado. Sem contar as arritmias e os infartos provocados pela substância, que podem ser fatais. As pessoas que usam cocaína, em geral, apresentam seu apetite e sono diminuídos, têm aumento nos batimentos cardíacos, espasmos[2] musculares e convulsões. Os usuários que aspiram o pó podem ter seu septo nasal (aquela divisória que existe dentro do nariz) perfurado pela cocaína.

*Como a cocaína afeta negativamente suas emoções:* além da euforia e da agitação, a cocaína pode provocar sensação de paranoia (por exemplo: você achar que outras pessoas o estão perseguindo ou falando de você), raiva, ansiedade, agressividade e pânico.

*Mortes relacionadas ao uso de cocaína:* a cocaína pode causar ataque cardíaco, convulsões, derrame cerebral, depressão respiratória, entre outros problemas. Lembre-se: usuários de cocaína injetável que usam as mesmas seringas podem contrair hepatites, aids e outras doenças.

---

2 Contração involuntária, não ritmada, de um ou vários músculos, podendo ocorrer isolada ou continuamente, sendo dolorosa ou não.

## Antes de você se arriscar...

*Conheça a lei:* qualquer forma de cocaína é ILEGAL.

*Conheça os riscos:* misturar cocaína com álcool ou com outras drogas é extremamente perigoso e pode levar à morte. O efeito de uma substância pode aumentar os efeitos de outra e, dependendo da dose, pode ser fatal.

*Fique atento:* a cocaína prejudica seu julgamento, levando-o a ter atitudes impulsivas e a tomar decisões impensadas. Por exemplo: prática de sexo sem proteção e envolvimento em brigas e criminalidade em geral.

*Conheça as estatísticas:* a maioria dos jovens não usa cocaína. De acordo com pesquisa realizada, 98% dos jovens nunca experimentaram cocaína.

## Conheça alguns sinais de uso abusivo de cocaína...

Se você usa cocaína ou conhece alguém que usa, veja os sinais a seguir e pense se algum deles acontece com você ou com essa pessoa. Em caso afirmativo, você ou seu conhecido pode estar tendo problemas devidos ao uso de cocaína:

- olhos vermelhos e com aparência de pesados;
- nariz escorrendo e espirros frequentes;
- mudança no padrão de sono e apetite (por exemplo: se antes comia e dormia bem, agora come e dorme pouco);
- mudança no grupo de amigos (por exemplo: passa a se envolver com pessoas que praticam atos ilegais para conseguir dinheiro para comprar a droga);
- depressão, cansaço, agressividade, irritabilidade e descuido com a aparência;
- perda de interesse pelas suas atividades habituais (por exemplo: escola, trabalho, família);
- perda de interesse por atividades de que gostava antes.

Se você se identificou com alguns dos itens citados anteriormente, não hesite em procurar a ajuda de um especialista. Se não for o seu caso, mas você conhece alguém que apresenta essas características, procure saber se ele quer conversar sobre o assunto. Demonstre interesse por ele e por sua saúde. Seja um bom amigo e oriente-o a buscar ajuda de pessoas especializadas.

## Maconha

O uso da maconha é muito antigo (5 mil anos atrás) e até o início do século passado ela era considerada em vários países, inclusive no Brasil, um "medicamento" útil para vários males (por exemplo: problemas respiratórios e insônia). Ela também já era usada com fins não médicos por pessoas que desejavam experimentar sensações diferentes e que a utilizavam de modo abusivo.

Quando a maconha é fumada, o THC (tetra-hidrocanabinol, principal componente da planta, responsável pelos efeitos no cérebro) é rapidamente absorvido pela corrente sanguínea, produzindo efeitos que se iniciam dentro de 5 a 10 minutos e podem durar 4 horas ou mais, dependendo da quantidade usada.

### Vamos aos fatos...

*Como a maconha afeta seu cérebro:* a maconha provoca mudanças importantes no funcionamento do cérebro. Entre seus efeitos, encontram-se: sensação de relaxamento, leve euforia, risos sem motivo, descontração, vontade de conversar/falar. Importante: a memória e a atenção são afetadas pela maconha, podendo prejudicar sua capacidade de memória e de aprender, fazendo com que seu desempenho na escola ou trabalho seja fraco. Isso pode ser particularmente ruim, principalmente se você estiver aprendendo alguma coisa nova ou mais difícil.

*Como a maconha afeta seu corpo:* quem usa maconha pode sentir muitos efeitos negativos no funcionamento normal do corpo e na saúde. A gravidade desses efeitos negativos depende do estado geral de sua saúde, do quanto e com que frequência a substância é usada, como é administrada (se fumada ou se diluída em alimentos) e se é usada com outras substâncias.

*Como a maconha afeta negativamente suas emoções:* a maconha pode provocar uma sensação de bem-estar, relaxamento, euforia e vontade de rir à toa, mas pode também desencadear paranoia, depressão, pânico, ansiedade, psicoses e problemas psiquiátricos.

*Mortes relacionadas ao uso de maconha:* Não há registros de mortes devido ao uso de maconha. Mas, embora a maconha não mate ninguém diretamente, o usuário pode sofrer acidentes depois de ter feito uso dela, uma vez que se sabe que causa desorganização mental e diminuição dos reflexos, como acontece com o álcool. Além disso, por ser uma droga ilegal, para consegui-la é comum que o jovem se aproxime de pessoas envolvidas na criminalidade, aumentando o risco de vida de quem vai em busca da droga (por exemplo: ir buscar droga na favela ou "bocas" onde frequentemente ocorrem tiroteios entre policiais e traficantes).

## Antes de você se arriscar...

*Conheça a lei:* a maconha é uma substância ILEGAL.

*Conheça os riscos:* saiba que a maconha afeta a memória de curto prazo (memória para fatos recentes). Segundo alguns estudos, o THC (principal componente ativo na maconha) provoca lesões "temporárias" ou não (ainda não se sabe ao certo) em uma estrutura cerebral chamada hipocampo, responsável pela memória e pela aprendizagem. Outro aspecto importante refere-se à percepção de tempo e espaço que é prejudicada pelo uso de maconha, aumentando a chance de acidentes devido à dificuldade de julgamento de distâncias (por exemplo: ao fazer uma ultrapassagem, um carro que está a 200 metros pode parecer estar ainda muito distante).

*Fique atento:* muitos jovens consomem maconha acreditando que ela não causa problema algum e que podem parar de usar quando quiserem. Saiba que não é bem assim. Muitos usuários sentem "fissura" (desejo muito forte e urgente de usar a droga) quando param de usar, e podem ter sintomas de abstinência, como ansiedade, insônia, perda do apetite, sudorese e depressão.

*Conheça as estatísticas:* diferentemente do que muitos pensam, 94% dos jovens nunca sequer experimentaram maconha e apenas 0,7% faz uso frequente dessa substância.

## Conheça alguns sinais de uso abusivo...

Se você usa maconha ou conhece alguém que usa, veja os sinais a seguir e pense se algum deles acontece com você ou com essa pessoa. Em caso afirmativo, você ou seu conhecido pode estar tendo problemas devido ao uso de maconha:

- desinteresse pelas atividades habituais (por exemplo: na escola, no trabalho, na família);
- usa maconha sozinho ou com muita frequência;
- tem dificuldades para se concentrar e de memória;
- se isola dos outros e da família e não tem vontade de fazer nada.

Se você apresenta alguns dos itens citados, procure ajuda de um especialista. Se não for o seu caso, mas você conhece alguém que está nessas condições, incentive-o a buscar a ajuda de alguém especializado.

### *Ecstasy*

A droga da moda dos anos 1990 é, na verdade, mais antiga. Inicialmente, era chamada *em-*

*pathy* (empatia, em inglês), pois um de seus efeitos mais notáveis é o aumento da sociabilidade, isto é, as pessoas ficam com mais vontade de se aproximar e conversar com outras pessoas. No entanto, alguns anos depois, passou a se chamar *ecstasy*. Essa droga foi desenvolvida em uma indústria farmacêutica na Alemanha para diminuir o apetite. Entretanto, as alucinações provocadas nos primeiros pacientes fizeram com que não fosse mais vendida legalmente. Nos anos 1980, voltou a ser consumida (ilegalmente) nas danceterias dos Estados Unidos e da Europa. O *ecstasy* é uma droga ao mesmo tempo com efeitos estimulantes (semelhante aos da cocaína) e alucinógenos (semelhantes aos do LSD). É vendida na forma de comprimidos com grande variedade de cores, tamanhos e desenhos. Seu uso é muito comum em festas de longa duração, conhecidas como *raves*.

## Vamos aos fatos...

*Como o* ecstasy *afeta seu cérebro:* a ação se inicia aproximadamente 30 minutos depois de tomar o comprimido. Seus usuários descrevem três fases de ação: um período inicial de desorientação, seguido pela sensação de prazer intenso e imediato, e finalmente um período da chamada "sociabilidade feliz", caracterizada pela vontade de conversar e ter contato físico com as pessoas (por exemplo: abraçar, tocar a pele). Os efeitos podem durar de 4 a 6 horas, mas há relatos de alguns usuários de que sintomas como confusão, depressão e ansiedade podem permanecer por várias semanas, mesmo após uma única dose. Existem relatos de ocorrência de psicose, ataques de pânico, irritabilidade e "paranoia".

*Como o* ecstasy *afeta seu corpo:* o *ecstasy* aumenta os batimentos do coração e a pressão arterial, ocorre aumento da temperatura corporal (febre), podendo levar à falência do coração e dos rins, ao coma e à morte.

*Você sabia que:* na tentativa de baixar a temperatura, algumas pessoas bebem uma quantidade muito grande de água e isso pode ser prejudicial? Há casos de "intoxicação por água" – o excesso de água pode provocar alterações graves no funcionamento do organismo.

## Antes de você se arriscar...

*Conheça a lei:* o *ecstasy* é uma substância ILEGAL.

*Fique informado:* apesar do que muitas pessoas dizem, o *ecstasy* pode causar dependência.

*Conheça os riscos:* sendo essas substâncias ilegais e frequentemente produzidas em laboratórios clandestinos ("de fundo de quintal"), não é possível saber ao certo quais são as contidas nos comprimidos. Nem sempre é *ecstasy* (metilenodioximetanfetamina – MDMA) mesmo. Isso torna difícil o socorro no caso de intoxicação. Além disso, misturar essas substâncias com álcool pode ser perigoso.

*Conheça as estatísticas:* a maioria dos jovens não usa *ecstasy*. De acordo com pesquisa realizada, 98% dos jovens nunca experimentaram *ecstasy*.

## Conheça alguns sinais de uso abusivo...

Se você usa *ecstasy* ou conhece alguém que usa, veja os sinais a seguir e pense se algum deles acontece com você ou com essa pessoa. Em caso afirmativo, você ou seu conhecido pode estar tendo problemas devido ao uso de *ecstasy*:

- dificuldade para lembrar coisas recentemente ditas ou feitas;
- depressão, confusão mental;
- alterações no sono;
- arrepios de frio ou transpiração excessiva.

Se você se identificou com alguns dos itens citados, procure ajuda de um especialista. Se não for o seu caso, mas você conhece alguém que está nessas condições, ajude-o. Se você não conseguir ajudá-lo, encoraje-o a procurar a ajuda de um profissional de saúde.

## Por que alguns jovens experimentam drogas? Quais características favorecem o uso de drogas?

A *curiosidade* natural dos jovens é um dos motivos mais frequentes para o uso de drogas, já que a juventude é um período de experiências, em que muitas coisas estão mudando, e experimentar coisas novas é cada vez mais frequente. A necessidade de *autoafirmação* também é algo que faz com que o jovem queira experimentar drogas, como se fosse um ritual de passagem: "experimentei maconha, não sou mais criança", ou ainda "não sou mais aquele garotinho, veja quanto consigo beber". Mas é importante lembrar que você realmente se autoafirma como homem ou mulher quando se envolve com responsabilidade em suas atividades e quando cumpre com os compromissos assumidos (por exemplo: estudar, fazer suas atividades escolares, chegar no horário, seja na escola, universidade ou trabalho, seja em compromissos com a família).

Outra razão para a experimentação de drogas é o medo de não *fazer parte do grupo de amigos.* Muitos jovens acabam experimentando ou usando regularmente drogas só para não desagradar seus amigos, por medo de serem deixados fora do grupo ou ainda por medo de serem vistos como os "caretas" da turma. Na verdade, tudo isso mostra falta de segurança e de maturidade. Quando você se sente realmente seguro, não precisa fazer algo contra a sua vontade só para agradar alguém. Concorda?

Além dessas razões, muitos jovens usam drogas para obter sensações prazerosas, acreditando que podem parar de usar quando quiserem, ou seja, acreditam que têm controle da situação. Isso pode ser um grande engano.

# Por que alguns jovens vão além da experimentação?

Não se pode negar que as drogas provocam, inicialmente, uma sensação de bem-estar e prazer. Afinal, se não fosse isso, qual a justificativa para experimentá-las? Mas a grande questão é: por que alguns jovens continuam a usar drogas, mesmo após terem "matado a curiosidade" inicial?

Os estudos mostram que, em geral, os jovens que continuam a usar drogas têm dificuldades para lidar ou enfrentar situações desagradáveis ou difíceis. Ou seja, não conseguem enfrentar essas situações de "cara limpa". Além disso, quando a ansiedade, a angústia e sentimentos de inadequação são frequentes, a droga pode trazer um alívio momentâneo. Lembre-se de que, quanto mais cedo começa o uso de drogas, maiores são as chances de a pessoa ficar dependente.

# Conheça os fatores de risco e de proteção para o uso de drogas, ou seja, aqueles que aumentam ou diminuem as chances de usá-las

Todas as pessoas podem ser influenciadas tanto para usar como para não usar drogas. As situações que aumentam as chances do uso de substâncias são chamadas de *fatores de risco para o uso de drogas.*

Veja na lista a seguir quais são os principais fatores de risco que podem levar ao uso de drogas e assinale ao lado a quais você está sujeito:

- [ ] Apresenta algum problema psiquiátrico (por exemplo: ansiedade, depressão etc.): nesses casos, às vezes, a droga é uma maneira que a própria pessoa encontra de se "automedicar", mas o resultado pode ser muito melhor se ela procurar ajuda de um médico.
- [ ] Tem um comportamento naturalmente agressivo (por exemplo: ameaçar amigos/pessoas, roubar, agredir), que pode ser um problema psiquiátrico que precisa de tratamento.
- [ ] Tem pais que usam drogas ou pais que toleram ou permitem o uso de drogas – nesse caso, pode-se "aprender" com os pais que aquela é uma forma de lidar com os problemas.
- [ ] Tem problemas de relacionamento na família (por exemplo: brigas frequentes entre os pais ou entre pais e filhos).
- [ ] Tem pouca comunicação com os pais (por exemplo: os pais não sabem o que os filhos fazem ou onde e com quem estão).
- [ ] Faltam regras e limites impostos pelos pais (por exemplo: os pais não colocam normas e regras, como quando pode sair ou a que horas voltar para casa).

- [ ] Falta incentivo e apoio dos pais/familiares.
- [ ] Tem amigos que usam drogas.
- [ ] É muito tímido ou tem baixa autoestima (por exemplo: insegurança, achar-se feio ou inferior aos outros).

Veja na lista a seguir quais são os principais fatores de proteção, ou seja, aqueles que diminuem as chances de uso de drogas, e assinale ao lado a quais você está sujeito:

- [ ] Acredita em si mesmo e apresenta uma boa autoestima (por exemplo: sente-se seguro e confiante sobre si mesmo).
- [ ] Gosta e confia em seus pais (por exemplo: sente-se amado, cuidado e apoiado por eles).
- [ ] Sente-se estimulado e incentivado por seus pais.
- [ ] Possui valores éticos e morais (por exemplo: respeito, solidariedade e cidadania).
- [ ] Tem uma boa ligação com a escola (por exemplo: envolvimento em atividades na escola, gosta de estar na escola e do ambiente escolar).

# Usar ou não usar drogas: eis a questão!

Como já dissemos, não se pode negar que as drogas provocam, inicialmente, uma sensação de bem-estar e prazer. Mas há também aspectos negativos nesse consumo, e todos os que usam drogas experimentam, em algum momento, tanto o lado bom quanto o lado ruim disso. Em geral, as pessoas só param de usar drogas quando elas percebem que os efeitos negativos são maiores que os efeitos positivos. Algumas pessoas percebem as consequências negativas do uso de drogas, mas não conseguem tomar a decisão de parar o uso. Isso acontece porque querem acreditar que os efeitos positivos provocados pelas drogas são maiores que os efeitos negativos, ou ainda por não perceberem claramente as consequências desse uso. Então, vamos pensar juntos numa lista de aspectos positivos e negativos em relação ao uso de drogas. Se você se lembrar de algum aspecto que não consta desta lista, escreva você mesmo nas linhas em branco ao final.

|  ASPECTOS POSITIVOS |  ASPECTOS NEGATIVOS |
|---|---|
| 1) Você sente bem-estar e prazer. | 1) As drogas prejudicam sua saúde. |
| 2) Você se sente superior em seu grupo de amigos. | 2) O uso de drogas pode aborrecer sua família e trazer problemas de relacionamento com seus pais e familiares. |
| 3) Você acha que todo mundo usa drogas e não quer ficar de fora. | 3) O uso de drogas pode prejudicar sua imagem perante as outras pessoas (por exemplo: as pessoas podem deixar de confiar em você ou achar sua aparência desleixada). |
| 4) Você se sente mais confiante e seguro. | 4) O uso de drogas pode lhe trazer problemas financeiros e problemas com a lei (por exemplo: se for pego com alguma droga ilícita). |
| 5) Você se sente mais desinibido e alegre. | 5) O uso de drogas pode trazer problemas na sua escola (por exemplo: faltar, chegar atrasado |

Imagem: shutterstock/ Igor Zakowski

| | |
|---|---|
| | às aulas ou não fazer as atividades esperadas) ou no trabalho (por exemplo: faltar, chegar atrasado ou não desempenhar seu trabalho de modo satisfatório). |
| ______________________<br>______________________<br>______________________<br>______________________ | ______________________<br>______________________<br>______________________<br>______________________ |

*VOCÊ ACHA QUE TODO MUNDO USA DROGAS E POR ISSO NÃO QUER FICAR DE FORA?*

Se alguém já lhe disse que "todo mundo usa" drogas, mostre a essa pessoa que não é bem assim. De acordo com o V Levantamento feito pelo Centro Brasileiro de Informações sobre Drogas (CEBRID) (Galduróz, Nota, Fonseca & Carlini, 2005), aproximadamente 80% dos jovens nunca experimentou drogas ilegais. Ou seja, a maioria nunca usou, nem sequer experimentou.

Você sabe como diferenciar alguém que usa drogas de alguém que é DEPENDENTE de drogas?

# Veja as principais características de alguém dependente de drogas

Se fosse pedido para você pensar em alguém dependente de álcool ou outras drogas, em quem você pensaria? Quais seriam as características dessa pessoa? Alguém que está internado numa clínica de tratamento? Ou alguém que bebe tanto que chega a cair na sarjeta? Na verdade, os sintomas de alguém que está com *dependência* de álcool e/ou outras drogas podem aparecer muito antes – veja alguns deles:

- aumento cada vez maior da dose ou quantidade usada para obter o mesmo efeito obtido inicialmente;

- sintomas desagradáveis quando interrompe o uso, fazendo com que, muitas vezes, o usuário volte a usar a substância para aliviar esses sintomas;
- falhas nas atividades habituais ou compromissos;
- uso da substância por mais tempo ou em maior quantidade do que pretendia;
- tentativa de diminuir ou parar o uso malsucedida;
- gasta muito tempo para conseguir a substância, usá-la e se recuperar dos efeitos;
- apresenta problemas psicológicos (por exemplo: ansiedade, depressão, irritabilidade, agressividade) ou físicos relacionados ao uso da substância.

Essas são as principais características de um *dependente de* álcool e/ou outras drogas. Não é necessário apresentar todos os itens para ser considerado *dependente* – três já são suficientes.

Você conhece alguém que apresenta alguma dessas características?

Imagem: shutterstock/ mammothis

## O QUE FAZER SE SEU AMIGO ESTÁ SE ENVOLVENDO COM DROGAS?

Ajudar uma pessoa que está envolvida com drogas a perceber os riscos desse comportamento e decidir mudá-lo é um grande desafio. Mas a amizade, o carinho e o cuidado podem ser valiosos nesse processo.

Em primeiro lugar, é preciso não ficar apavorado diante da descoberta de que um amigo está usando drogas. Se você observar o que as estatísticas mostram sobre o uso de drogas entre jovens, verá que a maioria não usa drogas e muitos nem sequer as experimentaram – portanto, nesse sentido, seu amigo faz parte de uma minoria.

Converse com ele e escute o que ele tem a dizer. Demonstre interesse e preocupação com a vida dele, sua saúde e seu bem-estar. Mostre a ele que existem outras maneiras de divertimento e convide-o a participar de atividades esportivas, culturais, intelectuais (ou o que estiver disponível e ele se interessar). A oportunidade de participar de grupos de jovens que não sejam usuários de drogas pode ser uma maneira de ele descobrir novas formas de encontrar prazer e divertimento.

Adote uma atitude segura e firme ao mostrar ao seu amigo os riscos e prejuízos relacionados ao uso de drogas, encorajando-o a dizer "não" na hora certa. É importante não criar um "clima de ameaças", nem dar "sermões", pois ele pode ficar na defensiva e diminuir as chances de ter uma vida saudável novamente.

Se você está de fato disposto a ajudá-lo, lembre-se de que aceitá-lo como ele é, demonstrar afeto e amizade sincera são atitudes importantes, mas também é preciso estar atento para os limites da sua ajuda. Existem situações (quando o consumo de drogas é abusivo ou a pessoa já é dependente) em que é necessário buscar ajuda de pessoas especializadas. Em qualquer unidade básica de saúde existem profissionais que podem ajudar essas pessoas. A dependência de drogas é um problema de saúde e precisa ser tratada por profissionais especializados. Mas não é preciso ser dependente para receber ajuda – quanto mais cedo alguém for aconselhado, menor a chance de se tornar um dependente.

Um verdadeiro amigo sabe estar presente, compreender, dar apoio, mas também sabe estabelecer limites, reconhecer dificuldades e apontar caminhos para que a pessoa encontre meios de sair das situações de risco em que se encontra. Valeu?

# O que fazer se você estiver envolvido com drogas?

Quando um jovem faz uso de drogas, frequentemente ouvimos as seguintes frases: "eu não tenho problema nenhum com drogas", "eu consigo parar quando quiser", "eu só uso de vez em quando para curtir um barato". Muitas vezes, ouvimos tanta crítica da família, de amigos que preferimos dizer simplesmente "não preciso da ajuda de ninguém".

Nesse caso, é importante analisar a situação e colocar na balança os prós e os contras, respondendo a uma pergunta simples:

## *Por que eu devo parar de usar drogas?*

Todo hábito tem aspectos positivos e negativos. Procure pontuar as coisas boas e ruins que o uso de drogas lhe traz e as consequências desse consumo na sua vida social, familiar, educacional e de trabalho.

Se, após responder a essa pergunta, perceber que os aspectos negativos se destacam em relação aos aspectos positivos, pense que talvez seja hora de mudar de atitude e procurar ajuda.

Diante dessa situação, a primeira coisa a fazer é procurar "se abrir" com alguém de sua confiança. Pode ser seu pai ou sua mãe, um parente próximo, um amigo, seu líder religioso ou mesmo um profissional de saúde (médico, psicólogo, enfermeiro). Exponha para ele(a) seu problema e não tenha vergonha de pedir ajuda.

Aprenda a se conhecer melhor – descubra de que atividades você gosta (que não seja usar drogas, é claro!) e procure oportunidades para praticá-las.

Pode ser dançar, praticar um esporte, tocar um instrumento, visitar um amigo não usuário de drogas. Procure fazer essa atividade nos momentos em que você costumava usar bebidas alcoólicas ou outras drogas. Você deve substituir um prazer por outro! Confie em você. Pense em todas as suas qualidades (não seja modesto!) e dê oportunidade para outras pessoas o conhecerem melhor.

A partir disso, você pode traçar um plano para mudar o seu comportamento em relação às drogas. Estabeleça objetivos a serem alcançados (por exemplo, diminuir gradualmente o consumo de drogas até parar de uma vez), pense em algumas alternativas ao uso de drogas (lembre-se, por exemplo, de que a maioria das pessoas não precisa beber ou usar drogas para se divertir).

Por fim, peça ajuda a alguém ou a algum serviço especializado. Procure por um serviço de saúde próximo à sua residência e informe-se sobre os centros de orientação e tratamento existentes na sua região, tais como os Centros de Atenção Psicossocial Álcool e Drogas (CAPSAD) do Sistema Único de Saúde. Nesse momento, é importante avaliar quão grave é seu envolvimento com a droga e isso pode ser feito através de uma consulta com um especialista da área de dependência química.

A relação desses centros pode ser obtida nos *sites*:

- http://www.obid.senad.gov.br
- http://www.inverso.org.br

Caso você não queira se expor, existem algumas alternativas que permitem manter o anonimato, como:

Viva Voz – 132
(Ligação gratuita para todo o Brasil)

# Referências

De Micheli D. (2004). Adolescência e drogas. In E. H. Medeiros e M. Fisberg (Orgs.). *Adolescência:* quantas dúvidas (pp. 125-140). São Paulo: Editora Atheneu.

De Micheli, D., & Formigoni, M. L. O. S. (2007). Uso, abuso e dependência de drogas: como detectar? In M. S. S. Vitalle & E H. G. R. Medeiros (Orgs.). *Adolescência:* uma abordagem ambulatorial (pp. 519-536). São Paulo: Manole.

Galduróz, J. C. F., Noto A. R., Fonseca, A. M., Carlini, E. A. V. (2005). Levantamento nacional sobre o consumo de drogas psicotrópicas entre estudantes de ensino fundamental e médio da rede pública de ensino das 27 capitais brasileiras. CEBRID

– Centro Brasileiro de Informações sobre Drogas Psicotrópicas.

National Institute on Drug Abuse – NIDA (1999). *Preventing drug use among children and adolescents*. NIH Publication, n. 99-4212.

SAMHSA – Substance Abuse and Mental Health Services Administration. Monograph-Tips for teens: the truth about drugs. Recuperado de: www.health.org/govpubs.

Silva, E. A. & De Micheli D. (2012) *Adolescência, uso e abuso de drogas* – uma visão integrativa. FAP – Unifesp.

# Para saber mais

## Filmes sobre o tema

- *Diário de um adolescente*
- *Bicho de sete cabeças*
- *Trainspotting*
- *Kids*
- *Notícias de uma guerra particular*
- *Thirteen*
- *Meu nome não é Johnny*

## Endereço útil

SENAD – Secretaria Nacional de Políticas Públicas sobre Drogas

Esplanada dos Ministérios

Bloco T, Anexo II – 2º andar, sala 213

http://portal.mj.gov.br/senad/

# Sobre as autoras

## Denise De Micheli

Psicóloga, Professora Adjunta da Disciplina de Medicina e Sociologia do Abuso de Drogas (Dimesad), Coordenadora do Ciensea (Centro Interdisciplinar de Estudos em Neurociência, Saúde e Educação na Adolescência) – Departamento de Psicobiologia, Universidade Federal de São Paulo (Unifesp).

*E-mail*: demicheli_unifesp@hotmail.com

## Eroy Aparecida da Silva

Psicóloga, Psicoterapeuta Familiar, Pesquisadora na Área de Álcool e Outras Drogas, Disciplina Medicina e Sociologia do Abuso de Drogas, Doutora em Ciências – Departamento de Psicobiologia, Universidade Federal de São Paulo (Unifesp).

*E-mail*: eroyntc@gmail.com

Ana Regina Noto

Psicóloga, Coordenadora do Nepsis (Núcleo de Pesquisa sobre Saúde & Uso de Substâncias) e Professora do Departamento de Psicobiologia – Escola Paulista de Medicina – Universidade Federal de São Paulo (Unifesp).

*E-mail:* anareginanoto@gmail.com

Beatriz Marra Vaz de Camargo

Psicóloga, Terapeuta de Casais e Famílias, Especialista no tratamento da Dependência e Abuso de Drogas.

*E-mail:* biamar318@yahoo.com.br

CRISTIANA ORNELLAS RENNER

Psicóloga, Doutora em Ciências, Disciplina Medicina e Sociologia do Abuso de Drogas, Doutoranda em Ciências – Departamento de Psicobiologia, Universidade Federal de São Paulo (Unifesp).

*E-mail*: renner.crx@gmail.com

Impresso por :

Graphium
gráfica e editora

Tel.:11 2769-9056